AF269516

CAMIONES MONSTRUO

POR MATT DOEDEN

CAPSTONE PRESS
a capstone imprint

La serie A todo motor está publicada por Capstone Press
1710 Roe Crest Drive
North Mankato, Minnesota 56003
www.capstonepub.com

Library of Congress Cataloging-in-Publication Data
Names: Doeden, Matt, author.
Title: Camiones monstruo / por Matt Doeden.
Other titles: Monster trucks. Spanish
Description: North Mankato, Minn. : Capstone Press, 2019. | Series: Blazers
  en español—A todo motor | Includes bibliographical references and index.
Identifiers: LCCN 2019015217 | ISBN 9781543582543 (hardcover) | ISBN
  9781543582734 (ebook pdf)
Subjects: LCSH: Monster trucks—Juvenile literature. | Truck racing—Juvenile
  literature. | CYAC: Monster trucks. | Truck racing. | LCGFT: Instructional
  and educational works.
Classification: LCC TL230.5.M58 D6418 2019 | DDC 629.223/2—dc23
LC record available at https://lccn.loc.gov/2019015217

Translated into the Spanish language by Aparicio Publishing.

Resumen: El texto describe los camiones monstruo y sus características únicas.

Créditos editoriales
Hank Musolf y Jessica Server, editoras; Kyle Grenz, diseñador; Jo Miller,
investigadora de medios; Kris Wilfahrt, especialista en producción

Fotografías gentileza de:
Dreamstime: Charlottep68, 28-29, Kevin Cable, 13, Natursports, 4-5, 6, 9, 16,
Redwood8, 26, (ambas), Vlad Podkhlebnik, 19; Getty Images: Bryan Steffy/
Contributor, 15; Newscom: Cal Sport Media/Daniel Goncalves, 20-21, ZUMA
Press/Jasen Vinlove, 11; Shutterstock: Barry Salmons, 24-25, Mechanik, portada,
Michael Stokes, 23,

Elementos de diseño
Shutterstock: Alex Kravtsov, hugolacasse, khun nay zaw, Shacil, Yibo Wang

CONTENIDO

CAPÍTULO 1

EL RUGIDO

Un evento de camiones monstruo
está por empezar. Los espectadores
gritan con entusiasmo. Los ruidosos
motores de las camionetas rugen
más fuerte que el público.

E-MAXX
E-MAXX
TRAXXAS
E-M

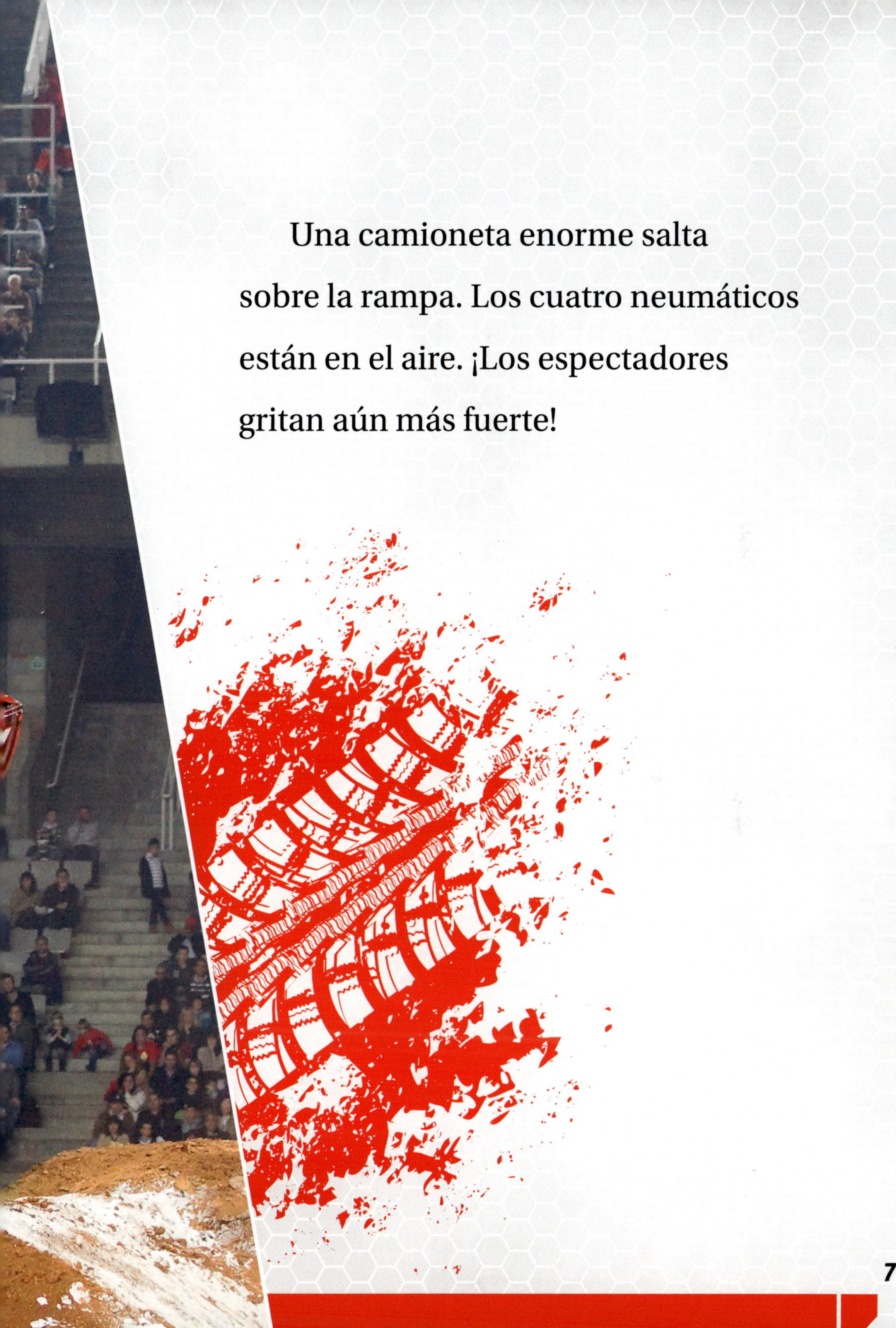

Una camioneta enorme salta
sobre la rampa. Los cuatro neumáticos
están en el aire. ¡Los espectadores
gritan aún más fuerte!

Ahora le toca a Monster Mutt.
Su motor se empieza a calentar.
Las ruedas de adelante están
en el aire. Caen fuerte y aplastan
una furgoneta vieja.

Los camiones monstruo
aplastan aproximadamente
10 autos en cada evento.

Monster Mutt
Monster Mutt
Rottweiler

CAPÍTULO 2

NEUMÁTICOS GIGANTES

Bob Chandler construyó
el primer camión monstruo
en la década de 1970. Le puso
el nombre Bigfoot (Pie Grande).

BIGFOOT 4x4x4
BIGFOOT
Ford
KC
KC
4x4x4

Las ruedas de los camiones
monstruo originalmente
eran para **tractores**. Estas ruedas
están sujetas por **ejes**
más grandes de lo normal.

tractor—vehículo poderoso que se usa
en el campo o en zonas de construcción

eje—barra en el centro de las ruedas;
las ruedas giran alrededor del eje

DATO IMPORTANTE

Los neumáticos de un camión monstruo miden más de 5 pies (1.5 metros). ¡Cada neumático puede costar más de $2000!

CAPÍTULO 3

EL *PODER* DEL *CAMIÓN* MONSTRUO

Los camiones monstruo tienen motores poderosos. Muchos de ellos alcanzan velocidades de 70 millas (113 kilómetros) por hora.

El camión monstruo Raminator alcanzó una velocidad récord de 99.1 millas por hora en el Circuito de las Américas, en Austin.

MADUSA

Los camiones monstruo tienen **amortiguadores** fuertes. Estos resortes permiten que el vehículo aterrice de forma segura después de realizar saltos que miden 100 pies (30.5 metros).

amortiguadores—serie de resortes que absorben los movimientos verticales del camión monstruo

Las jaulas antivuelco protegen a los pilotos durante choques. Los **oficiales** usan un interruptor para apagar el motor en caso de que un piloto no pueda alcanzar la llave.

oficial—persona que impone las reglas de un evento de camiones monstruo

DATO IMPORTANTE

La mayoría de camiones monstruo tienen puertas en el piso para que el piloto gatee y salga con cuidado.

MOTOR

AMORTIGUADORES
NEUMÁTICO
DIAGRAMA DE UN CAMIÓN MONSTRUO

CAPÍTULO 4

CAMIONES MONSTRUO EN ACCIÓN

Los pilotos de camiones monstruo compiten en eventos de aplastamiento de autos. Los camiones monstruo andan sobre autos viejos.

Presented By... L.A.SUPERTRUX
BIGFOOT
4X4X4
Firestone
Firestone
520

Algunos pilotos compiten en carreras. Toman las curvas a toda velocidad, dando saltos. También pasan sobre autos viejos.

Durante los eventos demoledores, los camiones monstruo solo van a 30 millas (48 kilómetros) por hora.

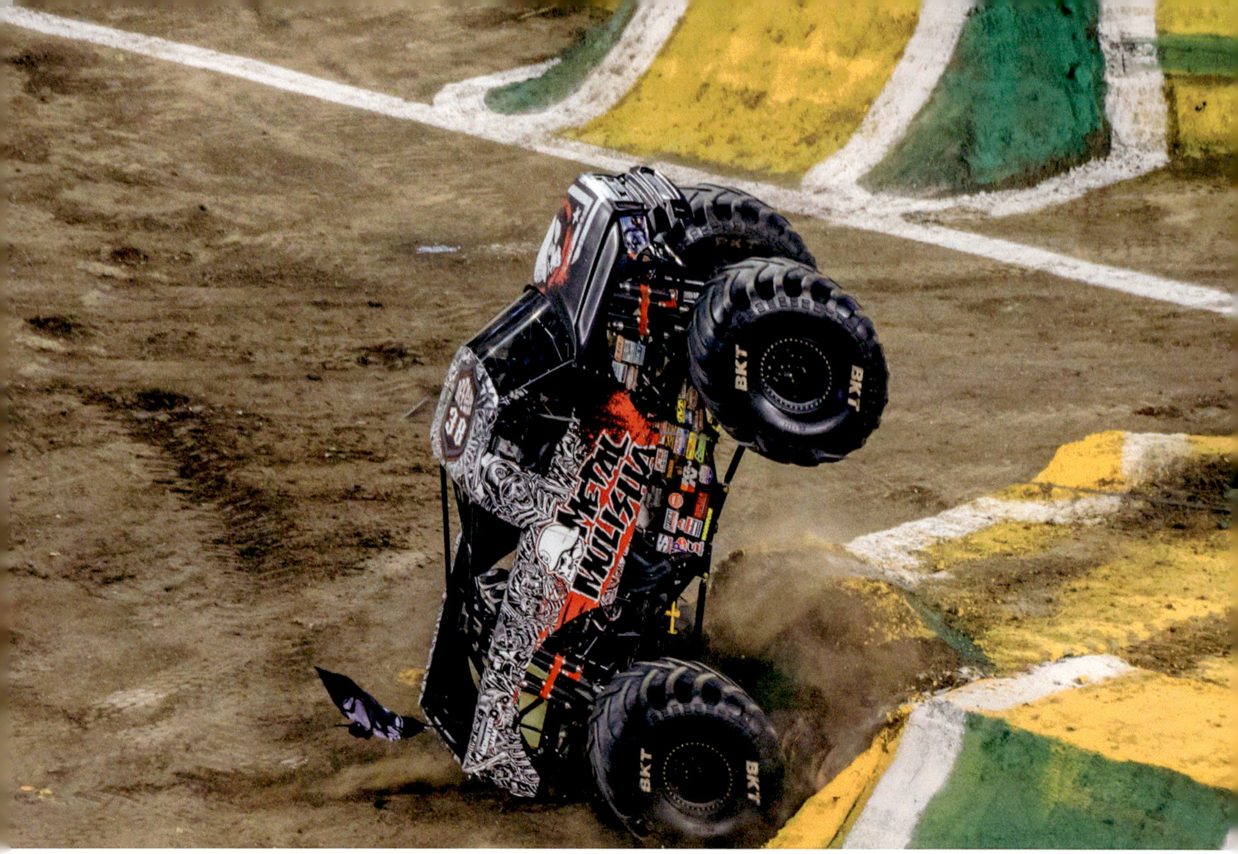

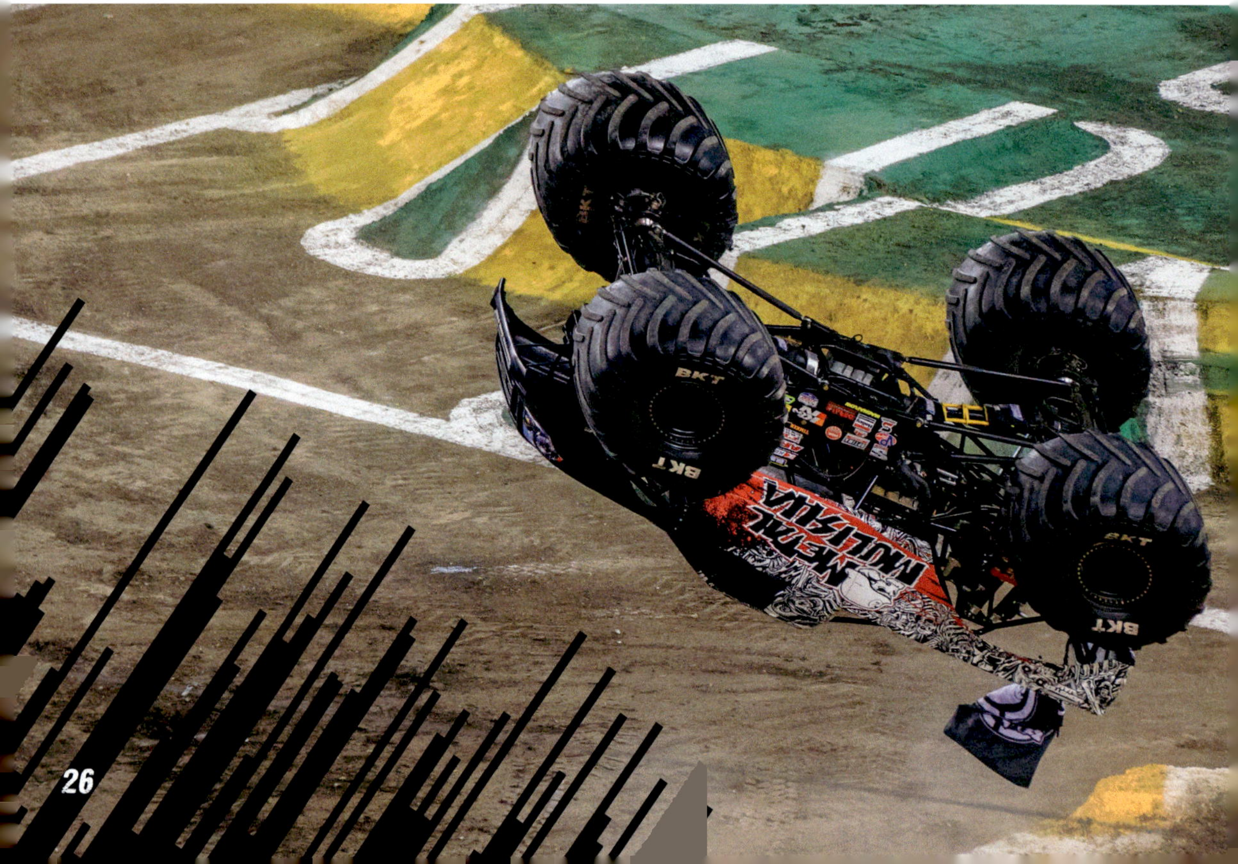

Otro evento de camiones monstruo es la competición al estilo libre. Los pilotos hacen caballitos con el vehículo, dan saltos, hacen **giros** y otros trucos.

giro—truco que hace un camión monstruo cuando da vueltas en círculo

¡"PROWLER"
VUELA
POR EL
AIRE!

29

GLOSARIO

amortiguadores—serie de resortes que absorben los movimientos verticales del camión monstruo

eje—barra en el centro de las ruedas; las ruedas giran alrededor del eje

giro—truco que hace un camión monstruo cuando da vueltas en círculo

oficial—persona que impone las reglas de un evento de camiones monstruo

tractor—vehículo poderoso que se usa en el campo o en zonas de construcción

SITIOS DE INTERNET

FactHound ofrece un modo seguro y divertido de hallar sitios de Internet relacionados con este libro. Todos los sitios en FactHound fueron investigados por nuestro equipo.

Todo lo que tienes que hacer es:
Visitar www.facthound.com
Ingresa este código: 9781543524567

ÍNDICE